Peinture à l'huile sur toile et chromographie
Gouchelin 22 Rue Richelieu à Paris

Imp Lemercier et C.ie Paris

NOTICE NÉCROLOGIQUE

SUR

M. GAUME

CHANOINE DE PARIS.

PARIS
IMPRIMERIE ADOLPHE LAINÉ
RUE DES SAINTS-PÈRES, 19
—
1869

NOTICE NÉCROLOGIQUE

SUR

M. GAUME

CHANOINE DE PARIS.

I

Le diocèse de Paris et, nous pouvons dire, le clergé de France, viennent de perdre dans la personne de **M. Gaume**, chanoine de Notre-Dame, un de leurs membres les plus recommandables sous le double rapport de la science et de la vertu. Nous regardons comme un devoir de lui consacrer cette notice. Glorifier, après leur mort, les serviteurs de Dieu, surtout quand ils ont pris soin de se cacher, pendant la vie, aux yeux du monde, c'est glorifier Dieu lui-même, source de toutes les grâces et auteur de tous les dons. C'est de plus contribuer à l'édification du prochain.

II

Jean-Alexis Gaume naquit le 3 août 1797, à Fuans, petit village du diocèse de Besançon, dans les montagnes du Doubs. Il fut le sixième de neuf enfants, issus d'une famille patriarcale, où vivait dans sa puissante intégrité la foi des anciens jours. On connaît l'arbre à ses fruits. Toutefois l'Écriture, quand elle parle d'un enfant de bénédiction, prend soin d'esquisser le portrait de ses parents, afin d'indiquer plus clairement que le fruit béni est la récompense de la vertu. Cet exemple justifie les quelques détails que nous allons donner sur le père et la mère du vénérable Chanoine.

III

La mère de M. Gaume était la mère des pauvres, et sa maison, leur maison. Pleine de confiance en la parole de Celui qui a dit : *Donnez et on vous donnera*, cette admirable femme ne refusa jamais l'aumône à un pauvre. A l'exemple des saints, plutôt que d'éconduire le Fils de Dieu, qu'elle voyait sous les haillons des mendiants, elle empruntait pour les secourir. Lorsque l'aumône en nature, qu'elle donnait de préférence, devenait, par sa libéralité, un fardeau trop pesant, elle faisait accompagner le pauvre par un de ses fils, qui portait lui-même, pendant une partie du chemin, les dons de la charité maternelle.

IV

Aux observations qu'une foi moins vive que la sienne lui adressait sur ses libéralités, elle répondait sans s'émouvoir : *L'aumône n'appauvrit jamais. Je sème ; mes enfants récolteront.* Elle ne s'est pas trompée. Combien de fois on l'a vue, sur la porte de sa maison, comme Abraham à l'entrée de sa tente, invitant les étrangers, pauvres ou fatigués, à venir se reposer chez elle et accepter des rafraîchissements, ou l'hospitalité, toujours offerte avec cette simplicité gracieuse qui en doublait le prix aux yeux des hommes et certainement le mérite aux yeux de Dieu : car il aime celui qui donne avec joie !

Ce n'est pas sans une sorte de respectueux attendrissement que la piété filiale regarde encore le chenet héréditaire, surmonté d'une corbeille, où fut tant de fois placée l'écuelle du pauvre assis au foyer, se chauffant à son aise et mangeant la portion venue de la table des maîtres.

V

A la mort de leur excellente mère, ses enfants voulurent lui élever un modeste monument. Il fallait pour cela une autorisation de la commune et une concession de terrain au cimetière. Leur demande donna lieu à une réponse, qui témoigne tout à la fois de la reconnaissance des habitants et de la réputation de bonté et de charité dont jouissait la mère de M. Gaume. Voici un extrait de cette réponse, écrite par le maire au nom du conseil municipal :

VI

« Messieurs, j'ai soumis aux membres du conseil la lettre que vous m'avez fait l'honneur de m'adresser. Mais, avant de la leur soumettre, leur intention au sujet de votre demande m'était déjà connue. Votre respectable mère était trop chérie de tous pour qu'on pût s'opposer à l'érection d'un monument sur ses restes précieux. Nous, nous n'avons pas besoin d'un monument pour nous rappeler ses bienfaits. Elle vit, et elle vivra longtemps dans notre mémoire. Oui, nous la regrettons : elle fut bonne pour tous.

Mais il était juste qu'un monument fît connaître aux étrangers et aux générations futures qu'en ce lieu repose celle qui fut la mère du pauvre, celle qui n'était heureuse que lorsqu'elle faisait du bien à ses semblables.

« Quant à l'indemnité que vous offrez pour la concession du terrain, nous ne demandons rien. Vous donnerez ce que vous voudrez pour notre église, encore ne l'exigeons-nous pas et vous laissons parfaitement libres. »

VII

Le père de M. Gaume n'était pas moins vertueux que sa digne compagne. C'était, entre tous, l'homme juste, bon, dévoué et courageux : vrai type de cette vieille race francomtoise si solide dans la foi, si loyale dans le commerce de la vie et si ferme dans le péril. Pendant la Terreur, il n'hésita pas à exposer sa fortune et sa vie pour sauver les prêtres fidèles, ou secourir les victimes de la persécution. Il en comptait parmi ses proches. Un des oncles de notre vénérable Chanoine, le père vraiment héroïque de MM. Busson, était mort martyr sur l'échafaud révolutionnaire. Réservé pour être la quatorzième victime du même jour, treize fois il dut mourir avant de mourir lui-même. Ainsi le permit la Providence, afin qu'il pût accomplir pleinement la mission que sa foi courageuse s'était imposée, d'exhorter ses compagnons de supplice à recevoir noblement le coup de la mort pour la cause de la religion.

VIII

A peine M. Busson avait été arrêté que le père de M. Gaume partit pour Maiche, où siégeait le tribunal de sang. Sans crainte de se compromettre lui-même, il fit l'impossible pour sauver la chère victime. Pendant plusieurs jours, on le vit constamment à l'entrée du tribunal, demandant la liberté de l'innocent prévenu ; ou aux portes de la prison, sollicitant comme une dernière grâce la faveur de voir le futur martyr. Prières, larmes, offres d'argent, tout fut inutile. Les juges et les geôliers se montrèrent inexorables et renvoyèrent M. Gaume avec cette réponse : *Tu le verras sur l'échafaud.*

La révolution ne se contentait pas d'ôter la vie à ses victimes : elle confisquait leurs biens. Le sacrifice consommé, M. Gaume se rendit en toute hâte auprès de sa belle-sœur et de ses tout jeunes orphelins. Avec un rare sang-froid, il parvint, en jouant sa tête, à sauver, du moins en partie, ce qui allait, dans quelques jours, devenir la proie de leurs sanguinaires spoliateurs.

IX

Au reste, telle était la réputation de probité et de délicatesse dont jouissait cette ancienne famille que, dans l'extrême misère qui pesa sur la France après la loi du *maximum*, les révolutionnaires du pays, ennemis jurés de tout ce qui était aristocrate, ne trouvèrent pas de mains plus intègres que celles du père et de la mère de M. Gaume, pour distribuer aux indigents les secours envoyés par la République. Leur délibération, dont je ne modifierai ni le fond ni la forme, prouve éloquemment que, malgré les passions et les préjugés, l'estime suit la vertu, comme l'ombre suit le corps.

X

« Ce jourd'huy treizième jour de Prairial, l'an second de la République françoise, une, indivisible (juin 1794), au lieu de Fuans, le conseille générale de la Commune, assemblé au lieu de ses séances ordinaires, et pour se conformer à la loi du vingt-huit juin dernier, qui ordonne de nommer deux personnes, sous le nom d'*agence* dans chaque commune pour surveiller et distribuer les fonds qui seront destinés pour le secours des indigents qui se trouvent dans leur ressort, et veiller à l'emploi de ceux qui se trouveront dans le cas de trouver quelque ressource en la même commune par leur travail. Le tout quoy ledit Conseille générale après avoir examiné le plus scrupuleusement possible, a nommé pour agent le citoyen Jean-François-Xavier Gaume dudit lieu, et pour remplir les fonctions d'agence, la citoyenne Marie-Gabriel Boillon, épouse dudit Jean-François-Xavier Gaume, qui ont accepté leur commission. »

XI

Ces faits tout récents, et d'autres semblables, furent les premiers qui retentirent aux oreilles de M. Gaume. Ils ne firent, on le comprend sans peine, qu'affermir dans sa jeune âme l'attachement à la religion, enseignée bien plus encore par l'exemple que par la parole.

L'esprit chrétien est ingénieux à profiter de tout pour former le cœur de l'enfance. On conservait dans la maison un petit tabernacle en bois, peint rouge et bleu, qui avait servi à cacher la sainte Eucharistie, pendant les jours mauvais. Quand M. Gaume et ses jeunes frères et sœurs avaient été très-sages, on leur permettait de voir *le Tabernacle :* c'était leur plus grande récompense. Une tante, ou plutôt une seconde mère, modèle chéri des plus humbles comme des plus hautes vertus, se chargeait ordinairement de leur en expliquer l'usage. A son petit auditoire elle racontait en détail les scènes émouvantes dont ce meuble vénérable avait été l'instrument et le témoin. Les enfants étaient tout yeux et tout oreilles; et le temps, qui efface tant de souvenirs, a laissé vivantes ces premières impressions.

XII

Le curé de la paroisse était un vénérable confesseur de la foi. Revenu depuis peu des prisons de l'île de Ré, il ne tarda pas à remarquer les heureuses qualités de l'esprit et du cœur de son jeune paroissien. Il devina sa vocation et fut son premier maître de latin. En 1808, M. Gaume partit pour Amance, village situé à l'extrémité de la Haute-Saône, où son cousin, M. l'abbé Busson aîné, dirigeait, avec quelques prêtres, une école ecclésiastique, récemment établie, ou plutôt improvisée. On se hâtait de profiter du calme revenu après la tempête, pour remplir les vides nombreux que l'exil et l'échafaud avaient laissés dans le clergé de Besançon. Au nombre des élèves se trouvait, entre autres, le jeune Thomas Gousset, devenu cardinal et archevêque de Reims.

XIII

A Amance, M. Gaume fut ce qu'il fut plus tard au petit séminaire d'Ornans et au grand séminaire de Besançon, le modèle de ses condisciples et l'aigle de sa classe. Chose assez rare pour être remarquée, sa modestie lui fit constamment pardonner ses succès. Aimé de tous ses camarades, il partageait leurs jeux avec cet entrain contenu qui est le signe d'une bonne conscience et d'une âme maîtresse d'elle-même.

Pendant les vacances, le jeune écolier donnait à ses frères et sœurs l'exemple de l'obéissance, de la douceur, de la piété filiale et de l'oubli de soi. Ennemi des plaisirs bruyants, il réparait ses forces physiques par de longues promenades, dans les belles forêts qui couronnent les hauteurs du pays natal. Mais alors même il ne restait pas oisif. La lecture des ouvrages qui avaient couronné ses succès et la conversation avec ses jeunes frères ou quelque camarade vertueux délassaient son esprit tout en l'ornant de nouvelles connaissances.

Quant à son cœur, à l'exemple du jeune Samuel, il le retrempait chaque jour à l'ombre silencieuse du sanctuaire. On se souvient encore de ses longues visites au saint Sacrement, de sa douce gravité et de son profond recueillement, quand il servait à l'autel ou qu'il assistait au saint sacrifice. Rien en lui ne demeurait en retard. Le corps et l'âme, la vie de la nature et la vie de la grâce, s'épanouissaient dans un développement harmonique. On pouvait dire de lui, comme du divin Maître, qu'il croissait en âge, en science et en sagesse devant Dieu et devant les hommes.

XIV

La supériorité de M. Gaume parut avec plus d'éclat dans les classes d'humanités. Plusieurs de ses compositions, soigneusement conservées par ses anciens maîtres, faisaient pressentir ce qu'il serait un jour. Il en fut ainsi jusqu'à ce que son cours de philosophie, qu'il fit à la Faculté de Besançon, révéla un talent hors ligne. Le professeur était un ancien sorboniste, très-habile en argumentation. Lorsqu'il y avait une objection à résoudre, une difficulté à éclaircir, c'était toujours à son élève privilégié qu'il s'adressait. Les réponses étaient si nettes et si concluantes que le professeur n'hésitait pas, dans certaines circonstances, à le prendre pour suppléant.

XV

Sa philosophie terminée, M. Gaume commença ses études théologiques : ce fut en 1816. A cette époque, le diocèse de Besançon, qui avait à pourvoir les trois départements du Doubs, de la Haute-Saône et du Jura, comptait, en théologie, près de quatre cents étudiants. Le cours dont M. Gaume faisait partie fut un des plus remarqués. Professé avec une rare distinction par M. Busson aîné, il était fréquenté par des élèves qui ont laissé un grand nom dans le clergé. Qu'il suffise de nommer le cardinal Gousset, Mgr Doney, évêque de Montauban; Mgr Gerbet, évêque de

Perpignan. Avec eux marchait d'un pas égal M. Gaume.

Ses anciens condisciples n'ont pas oublié que les jours où il devait argumenter avec M. Gerbet étaient des jours de fête pour la théologie. Maîtres et élèves admiraient en lui la pénétration de l'esprit, la lucidité de la parole et la solidité du jugement. Quant aux thèses publiques qu'il était d'usage de soutenir à la fin de l'année, en présence d'un auditoire choisi, et des cas de conscience à résoudre séance tenante, les premiers prix remportés sur tant de concurrents prouvent l'incontestable supériorité du jeune théologien.

XVI

Après une année de professorat au petit séminaire d'Ornans, M. Gaume fut, avec dispense d'âge, ordonné prêtre en 1821. Bien que sa place fût secrètement réservée au grand séminaire de Besançon, comme professeur de théologie, il fut, suivant un ancien et louable usage, envoyé dans le ministère; et, jusqu'en 1823, il remplit les fonctions de vicaire à Lons-le-Saunier. A la fin de cette espèce de stage, il fut rappelé à Besançon et installé professeur de morale. Son enseignement réalisa toutes les espérances des directeurs et des élèves. Jusqu'à ce jour, ni celui de M. Busson, ni celui de Mgr Gousset, n'ont pu le faire oublier.

XVII

En ces années-là, tout le clergé de France discutait avec chaleur la question du prêt à intérêt. Était-il permis, ou ne l'était-il pas? Avec le coup d'œil sûr et la perspicacité qui le distinguaient, le jeune professeur saisit promptement ce qu'il y avait de vrai et de faux dans les opinions contraires. Sans hésiter, il enseigna non pas que l'intérêt légal était formellement autorisé, mais qu'il n'était pas formellement défendu. Il prévenait ainsi les décisions de Rome, qui, quelques années plus tard, vinrent lui donner raison et mettre fin à la controverse, en déclarant que les prêteurs de bonne foi, au taux légal, ne doivent pas être inquiétés : *non esse inquietandos.*

XVIII

Avoir raison trop tôt est souvent un malheur : M. Gaume ne tarda pas à s'en apercevoir. Des personnes, respectables d'ailleurs, dont son enseignement heurtait les préjugés, réussirent à lui faire retirer sa chaire de professeur, au grand regret non-seulement des jeunes théologiens, mais des prêtres les plus distingués du diocèse, qui n'en continuèrent pas moins à suivre, dans la pratique, l'enseignement de M. Gaume.

Sorti du séminaire, l'éminent professeur accepta humblement la place de vicaire de Saint-Maurice, à Besançon. Jamais un mot de plainte ne sortit de sa bouche, et il remplit ses modestes fonctions avec le consciencieux dévouement qu'il avait mis à enseigner la théologie. Toutefois on ne voulut pas laisser longtemps le chandelier sous le boisseau. En 1828, le vicaire de Saint-Maurice fut nommé curé de canton à Marnay, où sa mémoire est demeurée en vénération.

XIX

Revenu dans son diocèse en 1832, Mgr de Rohan s'empressa de rappeler M. Gaume au séminaire, et l'honora toujours d'une affection et d'une confiance particulières. Bien que prévoyant de nouveaux orages, M. Gaume obéit. Sa rentrée au séminaire fut un triomphe. Tant que vécut le cardinal, qui *nageait en plein* dans les doctrines du Saint-Siége, le professeur restauré continua tranquillement, et avec le même succès que dans le passé, son cours de morale. Au nombre de ses élèves était M. de Bonnechose, aujourd'hui cardinal et archevêque de Rouen.

Par malheur, l'illustre prélat, qui s'était acquis toutes les sympathies du clergé bisontin, fut enlevé à la fleur de l'âge. Après sa mort, l'ancien esprit d'hostilité contre l'enseignement trop franchement romain de M. Gaume se réveilla, et, sans égard pour la mémoire de Mgr de Rohan ni pour les vœux du clergé, on lui retira de nouveau la chaire de théologie.

XX

Deux fois victime de préjugés opiniâtres, M. Gaume ne crut pas devoir les affronter plus longtemps. Sans récrimination et sans murmure, mais avec la douceur et l'humilité d'un saint prêtre, il demanda à quitter un diocèse où il jouissait de l'estime et de l'affection générales, mais où sa présence aurait pu entretenir de fâcheuses divisions. L'*exeat* lui fut accordé; mais le secrétaire de l'archevêché, pénétré de douleur, ne voulut jamais le contre-signer.

Le départ de M. Gaume fut un deuil pour le clergé et pour une foule de laïques, justes appréciateurs de son mérite. Les jeunes ecclésiastiques surtout, qui avaient eu le bonheur de suivre ses leçons, se montrèrent inconsolables. Leurs regrets durent encore; et jamais ils ne parlent de leur ancien maître qu'avec une admiration égale à leur profonde vénération.

XXI

Arrivé à Paris, en 1834, M. Gaume continua de mettre son rare talent au service de l'Église, qu'il aima toujours comme une mère, et dont il embrassa toujours les doctrines avec une soumission filiale, faisant, en toutes circonstances, sa règle de penser et d'agir de la parole de saint Ambroise : Où est Pierre, là est l'Église; *ubi Petrus, ibi Ecclesia.* Pendant cinq ans, il prépara les belles éditions de saint Augustin et de saint Bernard, dont la perfection, sous tous les rapports, éclipse celles qui les ont précédées et celles qui les ont suivies.

XXII

Cependant on arrivait à 1840 : Mgr Affre venait de succéder, sur le siége de Paris, à Mgr de Quélen. Une des premières pensées du nouvel archevêque fut d'appeler M. Gaume auprès de lui, afin de s'aider de son expérience et de ses lumières. Il le nomma membre de son conseil, chanoine de la métropole et official du diocèse. Bientôt il le pressa d'accepter le titre de vicaire général titulaire. Avec sa modestie ordinaire, M. Gaume se contenta du titre de grand vicaire honoraire, qui lui facilitait l'exercice de plusieurs de ses fonctions. Mais il est une marque de confiance qu'il ne crut pas pouvoir refuser. Mgr Affre le choisit pour directeur de sa conscience. La mort de l'illustre prélat prouve que le confesseur était digne du pénitent.

XXIII

A ces différents emplois se joignirent d'autres devoirs. Le diocèse de Paris compte un grand nombre de communautés religieuses. M. Gaume en fut nommé supérieur général. A Paris, cette mission de haute confiance se complique de difficultés particulières. La plupart des maisons, établies dans la capitale, sont des maisons mères qui ont de nombreuses filles en province. Toutes les affaires sérieuses qui se présentent dans ces dernières viennent se faire résoudre à Paris.

De là, dans l'état actuel de notre législation, une foule de questions complexes qui demandent souvent le concours de l'autorité ecclésiastique et de l'autorité civile. Du conseil des maisons mères, tout finit par aboutir au supérieur. M. Gaume prenait tellement à cœur les intérêts spirituels et temporels de ses chères communautés, il luttait avec tant de persévérance contre d'injustes empiétements, que, pendant seize années, il habitait à peine quelques heures par jour dans sa famille. De là vient que ses amis disaient de lui qu'il s'était fait *religieuse*.

XXIV

Il faudrait de longues pages pour rapporter tous les témoignages de sollicitude paternelle qu'il donnait aux épouses de Jésus-Christ, devenues ses filles d'adoption. De nombreuses réformes, le renouvellement de l'esprit religieux, la prudence dans le choix des novices, des secours matériels considérables, des œuvres doublement utiles, soit pour assurer par le travail l'existence des communautés pauvres, soit pour former les enfants à une vie laborieuse et chrétienne, attesteront longtemps le passage de M. Gaume dans les maisons religieuses de Paris. Il est juste d'ajouter qu'elles conservent de lui un profond sentiment de reconnaissance filiale.

XXV

A raison de sa pauvreté et des œuvres touchantes auxquelles elle se dévoue avec une abnégation au-dessus de tout éloge, l'importante communauté de Saint-Michel fut l'objet particulier des soins du charitable supérieur. Chaque semaine il voyait arriver dans ce refuge béni des enfants d'un caractère difficile que les parents y mettaient en correction, ou dont l'innocence courait de graves dangers au sein de leur famille. Elles étaient placées à Saint-Michel, les unes pour trois mois, les autres pour six mois. M. Gaume comprit que ce temps d'épreuve était insuffisant. Plusieurs de ces pauvres enfants le comprenaient elles-mêmes et demandaient avec larmes à prolonger leur séjour dans la maison.

XXVI

Cette disposition, souvent manifestée, affermit M. Gaume dans la pensée, cachée depuis longtemps au fond de son cœur, d'établir une *classe de persévérance*, où resteraient jusqu'à leur majorité, avec l'agrément de leurs familles, les enfants de bonne volonté. Mais les ressources manquaient, et il en fallait de considérables. Où furent-elles trouvées? C'est le secret de la Providence et de l'humble fondateur. La classe s'ouvrit et bientôt se remplit d'enfants qui, devenues jeunes filles, n'ont cessé, depuis nombre d'années, et qui ne cessent encore de donner les plus douces consolations à leurs pieuses maîtresses, ainsi qu'à leurs parents.

La *classe de Saint-Alexis* est une pépinière de jeunes personnes solidement chrétiennes qui répandent dans le monde, suivant le mot de saint Paul, la bonne odeur de Jésus-Christ. Dieu sait tous les sacrifices que M. Gaume a dû s'imposer pour soutenir, après l'avoir fondée, cette œuvre bénie, mais dépourvue de tous secours régulièrement assurés. Aussi, entre toutes les larmes que sa mort a fait répandre, les moins abondantes et les moins amères n'ont pas été celles des chères enfants de la classe de Saint-Alexis.

XXVII

Depuis seize ans, M. Gaume remplissait ses laborieuses fonctions de supérieur, auxquelles s'ajoutaient celles d'official métropolitain, lorsque Son Éminence le cardinal Morlot accepta sa démission. Rendu à lui-même, sa vie se partagea entre la prière et l'étude. Malgré son âge, la faiblesse de sa santé et la distance des lieux, le vénérable Chanoine fut d'une exactitude exemplaire aux offices du chapitre. Sa douceur inaltérable, ses manières gracieuses et polies, sa gaieté modeste, lui avaient gagné le cœur de ses confrères, à qui il rendait en échange la plus cordiale affection. Toujours indulgent pour les défauts d'autrui, on ne l'entendit jamais dire de mal de personne, ni se livrer à ces mouvements de vivacité, pourtant si naturels dans une foule d'occasions, plus ou moins imprévues, de contrariétés imméritées et de procédés peu délicats.

XXVIII

L'étude particulière des livres saints occupait les loisirs que lui laissaient ses devoirs de chanoine. On lui doit, entre autres, le *Manuel du Chrétien*, précieux petit livre qui, composé des *Psaumes* et du *Nouveau Testament* soigneusement annotés, ainsi que de l'*Imitation*, renferme la moelle de l'Écriture Sainte et de l'ascétisme. Combien de jeunes gens des grandes écoles de Paris, et même d'officiers de terre et de mer, dont il est devenu le *vade mecum!*

Mais le travail capital de M. Gaume est

la *Traduction du Nouveau Testament*, en deux volumes. Malgré le bruit qu'on a fait autour de certaines autres traductions, celle de M. Gaume restera comme un chef-d'œuvre sous le rapport de l'exactitude, de la concision et des notes. Ainsi en jugent les personnes éclairées qui la connaissent, et leur opinion se trouve confirmée par le témoignage des examinateurs romains, dont l'autorisation canonique figure en tête de l'édition.

XXIX

Prêtre selon le cœur de Dieu, et prêtre en tout, M. Gaume arrivait au terme ordinaire de la vie humaine, marqué par le prophète : Le nombre ordinaire de nos jours est de soixante-dix ans : *Dies annorum nostrorum in ipsis septuaginta anni*. Le 28 septembre 1866, comme il se rendait, suivant sa coutume, à la chapelle de Saint-Thomas-de-Villeneuve pour célébrer la messe, il fut pris d'une faiblesse qui l'obligea de rentrer chez lui. Il venait d'être frappé de paralysie dans les membres du côté gauche. La tête était demeurée saine ; mais le mal, tombé sur une organisation depuis longtemps affaiblie, était sans remède. Il défia tous les efforts de l'art, qui réussit seulement, secondé par les soins les plus dévoués, à en retarder les progrès et à préserver le cerveau de toute atteinte.

Pendant deux ans et demi, le cher malade, qui conservait toutes ses facultés intellectuelles, ne put qu'alterner entre son fauteuil et son lit. Mais ce qui ne varia jamais, c'est sa patience, sa douceur, sa résignation filiale à la volonté de Dieu. Plus occupé des autres que de lui-même, il songeait à tout ce qui pouvait leur être agréable, et se montrait pénétré de reconnaissance pour les fidèles amis qui venaient le visiter.

XXX

Enfin, sa belle âme, rendue plus belle encore par un long purgatoire, sacerdotalement enduré, était prête pour la récompense. Le dimanche des Rameaux, à une heure après midi, sans spasmes, sans angoisses, le bon et laborieux serviteur s'endormit dans les bras de son divin Maître. Sa mort fut douce comme sa vie. Pendant les quarante heures qui précédèrent la sépulture, son visage reposé, ses membres flexibles comme ceux d'un enfant, semblaient encore témoigner de la placidité de son âme et annoncer la paix éternelle dont il était en possession.

Deux de ses anciens collègues et amis, Mgr Buquet, évêque de Parium, et Mgr Surat, protonotaire apostolique, voulurent lui donner un dernier témoignage de leur affection. Mgr Surat célébra l'office funèbre, à la métropole, en présence de tous les membres du chapitre, et Mgr Buquet fit l'absoute. Quoique bien vive, la douleur des nombreux assistants fut calme, pieuse et recueillie. Elle semblait annoncer qu'ils avaient la conscience d'assister à l'enterrement d'un prédestiné.

Et maintenant, pour résumer en quelques mots cette vie si belle et si pleine, je ne connais rien de plus juste que les paroles de l'Église dans l'office des confesseurs : « Pieux, prudent, humble, modeste, sa vie, exempte de tout excès, fut sans tache : *Pius, prudens, humilis, pudicus, sobriam duxit sine labe vitam.* »

XXXI

Cet éloge, seul désirable, a-t-il été sanctionné ? Quelques simples détails donneront la réponse. Dans certaines circonstances, on dit, non sans raison, que la voix du peuple est la voix de Dieu : *Vox populi, vox Dei.* A la mort du vénérable Chanoine, cette voix du peuple s'est fait entendre. Personne, comme parle l'Écriture, ne s'est trouvé qui ait dit du mal de lui ; tous, au contraire, en ont dit du bien. Outre les feuilles publiques, un grand nombre de lettres particulières, écrites de différents diocèses, sont venues apporter à sa famille le témoignage désintéressé, non-seulement de l'estime, du respect et de l'affection dont jouissait le cher défunt ; mais encore de la réputation de haute vertu, de sainteté même, qu'il a laissée dans tous les lieux où s'est écoulée son existence. Il faut que ses exemples aient été bien puissants, pour graver son souvenir au cœur de populations dont il était éloigné depuis plus de trente ans et qu'il n'avait jamais revues.

XXXII

Ses troisièmes ou quatrièmes successeurs dans les paroisses qui furent confiées à sa sollicitude s'expriment en ces termes : « La plupart des journaux ayant rendu publiquement un hommage si bien mérité aux talents et aux vertus de votre si bon frère, il était bien juste que son ami et un de ses successeurs célébrât du haut de la chaire la mémoire de celui qui est encore vivant au milieu de nous, par le souvenir de son zèle, de sa piété, de sa charité et de toutes les vertus pastorales. Aussi lorsque, dimanche, au prône, j'ai esquissé les principaux traits de cette belle vie, mes paroissiens ont été émus jusqu'aux larmes, surtout lorsque, plein d'espérance, je leur disais que du haut du ciel il priait pour eux, pour moi et pour la France. J'ai ensuite annoncé un service solennel pour lui, le lendemain, auquel treize prêtres du canton se sont fait un devoir d'assister, ainsi que toute la paroisse. »

XXXIII

— « Hier, dimanche, 4 avril, j'ai fait un office, et ce matin un service solennel pour le repos de l'âme de votre bien-aimé frère, dont le précieux souvenir est tout vivant parmi nous. Tous mes paroissiens se sont fait un devoir de venir prier pour le repos de l'âme de leur ancien curé. »

— « Recevez mes remercîments du souvenir que vous m'avez envoyé au nom de monsieur votre frère si vénéré, si aimé de tous ceux qui ont eu le bonheur de le connaître. Oui, nous prierons pour votre cher défunt ; lors même que nous nous sentirions plutôt disposés à invoquer cette belle âme qu'à demander pour elle l'admission au séjour de la gloire... Je parlerai à mes paroissiens de leur ancien vicaire et de mon ancien professeur, pour qui je garderai toujours le souvenir le plus affectueux et la plus vive reconnaissance. »

— « Celui que vous aimiez si tendrement, nous le chérissions aussi. Aux yeux d'une Providence équitable il était juste que, le jour des Palmes, le prêtre modèle fût appelé à faire la Pâque avec le grand Prêtre, après avoir sanctifié tous les âges. Comme le divin pasteur a dû lui faire un gracieux accueil !... La semaine prochaine je ferai un service solennel pour le repos de l'âme du vénérable Chanoine, dont le nom est en vénération. »

XXXIV

— « Recevez mes témoignages de cordiale sympathie et de profond regret pour la grande perte que l'Église vient de faire dans la personne du savant et saint chanoine M. Gaume. Que Dieu console son digne frère et toute sa famille ! »

— « Je m'estime heureuse d'avoir connu le saint frère que vous pleurez. On respirait auprès de lui le parfum de toutes les vertus. C'était bien le vrai prêtre de Jésus-Christ. Aussi, tout en priant pour lui, je m'empresse de l'invoquer comme un saint, puissant au ciel. »

— « Je viens de donner, au saint autel, à monsieur le chanoine, mon excellent et saint compatriote, la preuve de mes sentiments profonds de vénération, d'affection et de reconnaissance. Je continuerai de prier pour cette grande et belle âme. Mais je suis sans inquiétude ; et j'espère qu'elle prie déjà pour ses vieux amis. »

— « La mort de votre vénéré et regrettable frère afflige tous ceux qui ont eu l'avantage de le connaître. Regretté à Paris qui l'avait adopté, il l'est surtout dans la Franche-Comté qui l'avait perdu. Partout il a été un homme de Dieu, donnant l'exemple de toutes les vertus sacerdotales et cachant sous les dehors de la modestie d'éminents talents. Il a eu les épreuves qui sont réservées aux grandes âmes, et il en a triomphé sans jamais faiblir. Déjà le saint et admirable Chanoine a recueilli ce qu'il avait semé ; néanmoins je me fais un devoir d'unir mes suffrages aux vôtres pour sa belle âme. »

XXXV

. — « La mort de monsieur votre frère me cause une peine très-vive. Nos relations d'autrefois m'avaient inspiré pour ce cher défunt une affection profonde et une estime qui ne l'était pas moins. Personne n'est plus à même que moi de comprendre l'étendue de la perte que vous avez faite et ne compatira plus cordialement à votre douleur. Mais quel adoucissement elle trouve dans le souvenir des vertus, des mérites et de la sainteté de celui que nous pleurons! Il restera dans la mémoire des prêtres de Paris et de Besançon, comme un modèle parfait du clergé. Je l'ai vû de trop près pour ne pas croire que j'ai plus de raison de l'invoquer que de prier pour son repos. Je veux cependant m'associer à vos prières, comme je m'associe à votre peine. »

XXXVI

— « C'est dans votre cœur si paternel et si bon que nous venons déposer l'immense douleur qui oppresse nos âmes. Vous la comprendrez, puisque vous la partagez, et que, mieux que nous encore, vous saviez apprécier le père bien-aimé que nous pleurons. Depuis longtemps, nous étions préparées au cruel sacrifice, mais nous aurions voulu retarder encore, retarder toujours cette perte irréparable. La pensée seule que notre bon père ne souffre plus et de la gloire dont il jouit déjà dans la céleste patrie apporte quelque soulagement à nos âmes brisées. Il nous voit, nous disons-nous, et du haut du ciel il protégera encore ses pauvres enfants, devenues une seconde fois orphelines. Pour lui nous avons offert, en union avec la divine victime, nos âmes que notre bien-aimé père a sauvées. Oh ! non, jamais nous ne pourrons l'oublier. Le souvenir de ses vertus et le désir de lui être réunies nous animera dans la pratique du bien et nous soutiendra dans les épreuves de la vie... »

XXXVII

— « Hélas ! il est donc vrai que notre

bon père nous a quittées ! Cette pensée nous navre le cœur, et nous fait fondre en larmes. Pauvre père ! il était si bon ! il nous aimait tant ! Pourquoi faut-il que nous soyons séparés ? Tant qu'a duré sa maladie, nous ne le voyions pas, c'est vrai ; mais nous sentions qu'il était là ; que son cœur nous aimait toujours, et puis, nous espérions !... Maintenant cette lueur d'espérance a disparu, notre père n'est plus avec nous !... Mais il est au ciel ; et là, plus encore que sur la terre, il sera notre avocat auprès de Dieu. Les bienfaits sans nombre dont nous avons été l'objet de la part de notre bon père, nous font un devoir, qu'il nous est doux de remplir, celui de prier sans cesse pour qu'il plaise à Dieu de récompenser au plus tôt ses vertus, en l'admettant dans la céleste patrie, où un jour nous aurons le bonheur de le voir pour ne plus en être séparées. »

XXXVIII

Il serait facile d'étendre la liste de ces lettres, si honorables et si consolantes, dont la famille de M. Gaume est en possession. Comme celles dont on vient de lire quelques extraits, toutes sont unanimes à exprimer les mêmes sentiments de regrets, d'affection et de vénération profonde, pour celui qui fit du bien à tous et ne fit de mal à personne. Terminons par le témoignage d'un vénérable évêque.

XXXIX

— « Ce matin, Samedi-Saint, en rentrant à l'évêché après l'office de la cathédrale, j'ai trouvé sur mon bureau votre lettre bordée de noir. Sans l'ouvrir, je me suis recueilli et j'ai récité le *De profundis*. L'ayant ouverte, j'ai éprouvé un sentiment non de douleur amère, mais de vénération et de dévotion pour le défunt si respectable et si cher. J'ai pleine confiance que le bon Dieu l'a reçu le jour même dans sa gloire, soit parce qu'il lui avait fait faire son purgatoire ici-bas, soit parce qu'il l'a appelé à lui en ce jour et à cette heure si mémorable, où l'Église de la terre venait de symboliser par la procession des Palmes l'entrée de Notre-Seigneur et des saints dans le ciel.

« Consolez-vous donc de la perte que vous avez faite, et souvenez-vous que, déjà sûr de son sort, il est plein de sollicitude pour notre salut, *est de nostra salute sollicitus*. La mort des bonnes âmes qui arrive en certains jours solennels est, suivant le sentiment universel, regardée comme un signe de prédestination. La mort d'un grand nombre de saints a toujours été marquée par quelqu'une de ces circonstances. Nous continuerons néanmoins de prier pour lui, parce que nous avons à rendre compte à un Dieu qui juge les justices mêmes ; mais nous voulons espérer que les prières que nous ferons pour lui, il les fera tourner au profit des autres et accepter de Dieu en expiation de nos propres fautes. »

Après ce qu'on vient de lire, il ne reste qu'à marcher sur les traces du vénérable et bien-aimé défunt, et à répéter avec les prophètes : Précieuse est devant le Seigneur la mort de ses saints ; puisse la mienne être semblable à la leur ! *Pretiosa in conspectu Domini mors sanctorum ejus... fiant novissima mea horum similia !*

L'abbé Charles Perrin,
ancien élève de M. Gaume.

www.ingramcontent.com/pod-product-compliance
Lightning Source LLC
Chambersburg PA
CBHW060939050426
42453CB00009B/1088